かんたん！ヘルシー！

魚の缶詰
レシピ

キッチンさかな

河出書房新社

魚缶はおいしい!

健康効果がスゴイ!

いつでも常備して

毎日食べよう。

魚缶のいいこと

1　血管や脳を守るDHA、EPAが豊富。

2　骨を丈夫にするカルシウムたっぷり。

3　水煮缶、油漬け缶は糖質ほぼゼロ！

4　たんぱく質、アミノ酸が万全！

5　常温で長期間の保存ができる。

6　包丁も鍋も要らないレシピあり。

7　簡単レシピほどオメガ3脂肪酸が摂れる。

Part 1
すぐにおいしい！
超スピードレシピ

Part 2
豆腐や卵をプラス
小さなおかず
レシピ

Part 3
栄養満点！
野菜たっぷり
レシピ

Part 4
アレンジが楽しい
**パン
レシピ**

Part 5
うまみを生かした
**麺
レシピ**

Part 6
ひと手間かけて
ごはん
レシピ

コラム

DHAの健康効果がスゴイ！

さば水煮缶

1缶で2日分のDHAをクリア

さば水煮缶1缶（140g）に含まれるDHAは約1.8g。厚生労働省では、1日の目標量を1g以上としているので、ほぼクリアできる。新鮮なさばをすぐ加工するからこそその含有量だ。しかも、水煮は味つけ缶と比べて調味料が少ないので糖質、塩分が低いのも魅力。

さば水煮缶1缶の DHA、EPA

DHA	1.8g
EPA	1.3g

（1缶140gあたり。秋冬生産品）

DHAは血管の若さをキープ

DHAは悪玉コレステロール、中性脂肪を低下させ、血管をやわらかく保つ。この働きにより、肝臓や脳の機能も活性化させるといわれている。また、赤血球もやわらかく保つため、血液をサラサラにし、高血圧予防にも役立つといわれている。

DHAとは

体にいいと注目されているアマニ油やえごま油に含まれるαリノレン酸と同じオメガ3系脂肪酸。脳や目の網膜、心臓、胎盤や精子、母乳に多く存在して重要な働きをするが、体内では作れないので食事で摂る必要がある。

こんな栄養素も豊富

骨ごと缶に詰めて加圧して作るので骨も食べることができ、カルシウムが豊富。1缶（140g）あたり360mgも含まれているから、1日の必要量の6割が摂れる（成人の場合）。カルシウムの吸収をアップするビタミンDも豊富なので効率よし！また、日本人に不足しがちな鉄、亜鉛も豊富に含まれている。

小さな魚に栄養ぎっしり！

オイルサーディン

骨を作り、神経を安定させるカルシウム

サーディン1缶（75g）のカルシウムは約260mg。成人の1日必要量は550〜650mgなので、4割はクリアできる。さらに、カルシウムの効率をアップするビタミンDは1日量のほぼ2倍含まれているのでバランスは完璧。

一日の必要量4割クリア

サーディン
（75g）
260mg

ビタミンEが老化を予防

サーディン1缶（75g）のビタミンEは6.2μg。成人の1日目安量は6.0〜6.5μgなのでほぼクリアできる。ビタミンEは強い抗酸化作用により細胞や血管の老化予防を助け、若々しさをキープする。野菜や果物に豊富なビタミンCと一緒に摂ると効率よし。

一日の目安量をほぼクリア

サーディン
（75g）
6.2μg

血栓を作りにくくするEPAも豊富

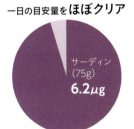

EPAはDHAと同じオメガ3脂肪酸で、青魚の脂肪に豊富な成分。血液を固まりにくくする働きがあり、脳血栓などの病気の予防を助ける。こうした作用が認められ、動脈硬化や脂質異常症の治療薬としても用いられている。

ダイエット効果もスゴイ！

ある実験結果で、EPAを摂って運動すると体脂肪が減ることがわかった。また、血糖値を下げるインスリンはGLP-1（ホルモン）によって正常に働くが、この分泌をEPAが促すことも報告されている。

ピンクの色素成分が若さを保つ

鮭水煮缶

鮭は種類で栄養価が違う

鮭水煮缶には、からふとます、紅鮭など原料の違いで、いくつか種類がある。それぞれに栄養成分に特徴があり、味や口あたりにも個性があるので、好きなものを選んで使うのがおすすめ。本書では、もっともポピュラーなからふとますの水煮缶をおもに使っている。

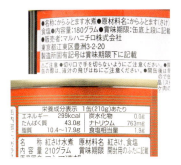

からふとますの缶詰は脂質少なめ

からふとますの水煮缶は、脂質が少なめで高たんぱく質なのが特徴。カロリーは、さば水煮缶の8割ほどなので、カロリー制限したいときにおすすめの魚缶のひとつといえる。また、脂質少なめではあるが、DHA、EPAは豊富に含まれている。

からふとます水煮缶の三大栄養素

エネルギー	202kcal
たんぱく質	26.9g
炭水化物	0.1g
脂質	9.3g

1缶（130g）あたり

紅鮭のアスタキサンチン

紅鮭のピンク色は、アスタキサンチンという成分によるもの。高い抗酸化作用があり、老化予防を助ける。DHAなどと同じように血液をサラサラにして血栓を予防し、脳や眼の健康維持に役立つとして注目されている。

目的に合わせて選ぶのが正解

ツナ缶

ツナの選び方

ツナは、原料がまぐろ、かつおの2種類に分けられ、それぞれに水煮、油漬けがある。その差はなんといってもエネルギーで、油漬けのカロリーは水煮のおよそ3倍。カロリー制限をしたい場合は水煮、料理にコクをつけたいときは油漬けと、目的に合わせて選ぼう。

細胞を作るビタミンB群が豊富

たんぱく質の代謝と細胞を作り変えるのに不可欠なビタミンB群。そのうち、ビタミンB6、B12、ナイアシンなどがとても豊富に含まれており、食べたたんぱく質をアミノ酸に変え、筋肉作りや肌の新陳代謝を助ける。原料表示がかつおのツナには、とくに多く含まれる。

ツナ油漬け1缶(70g)あたり

ビタミンB6	ビタミンB12	ナイアシン
1日の必要量 1.0〜1.2mg	1日の必要量 2.0μg	1日の必要量 9〜13mgNE
ツナ(まぐろ) **0.15mg**	ツナ(まぐろ) **2.0μg**	ツナ(まぐろ) **15.6mgNE**
ツナ(かつお) **0.40mg**	ツナ(かつお) **2.8μg**	ツナ(かつお) **18.6mgNE**

筋肉に必要なBCAAも豊富

BCAAとは、筋肉の再生や回復に必要な3種の必須アミノ酸(バリン、ロイシン、イソロイシン)のこと。疲労のもとといわれる乳酸生成を抑えるため、持久力を向上させるともいわれる。必須アミノ酸とは、体内で合成できないために食品から摂る必要があるアミノ酸で、全部で9種類ある。BCAAはまぐろに多く含まれており、ツナ缶でも摂取できる。

食べすぎに注意すれば栄養価満点

味つけ魚缶・貝の缶詰

糖質、塩分をチェックする

味つけ魚缶は、調味料が多く使われており、糖質と塩分が水煮缶や油漬け缶より高い。栄養成分表示をチェックして選び、食べすぎに気をつけることが大事。しかし、さばのみそ煮缶やしょうゆ煮缶、いわしやさんまのかば焼き缶などにも、DHAなど豊富な栄養が含まれている。野菜などと組み合わせて、じょうずに調理して食べるとよいだろう。

貝の缶詰のスゴイパワー

あさり水煮缶、ほたて水煮缶は、脂質が少ないために低カロリーで、たんぱく質は豊富。カロリー制限しながらたんぱく質補給したいときにおすすめ。とくに、あさりはカルシウム、鉄、ビタミンB12などがかなり豊富なので、活用したい缶詰のひとつといえる。

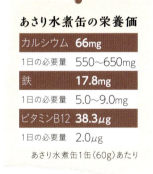

あさり水煮缶の栄養価

カルシウム	**66mg**
1日の必要量	550〜650mg
鉄	**17.8mg**
1日の必要量	5.0〜9.0mg
ビタミンB12	**38.3μg**
1日の必要量	2.0μg

あさり水煮缶1缶(60g)あたり

料理のうまみをアップする効果

味つけ魚缶、貝の缶詰は、どれもうまみがとても強い。このうまみを利用すれば、超簡単レシピでも凝った味わいに仕上がるのが魅力。だし、スープ、濃い調味料を使うことなく、おいしい一品ができ上がる(P60)。

● この本では

・栄養価は1人分で計算しています。

・分量の大さじ1は15ml、小さじ1は5ml、1カップは200mlです。

・加熱時間、火加減などは調理器具によって変わりますので目安にしてください。

・缶詰によって塩分が違うので、調味料は味をみながら加減してください。

● この本で使った缶詰

さば水煮缶	1缶190g（固形量140g）
オイルサーディン	1缶105g（固形量75g）
鮭水煮缶	1缶180g（固形量130g）
ツナ　水煮缶	1缶70g
油漬け	1缶70g
チャンク	1缶140g（固形量105g）
あさり水煮缶	1缶100g（固形量60g）
ほたて水煮缶	1缶65g（固形量40g）
さばみそ煮缶	1缶190g（固形量140g）
さばしょうゆ煮缶	1缶190g（固形量140g）
さんまかば焼き缶	1缶100g
いわしかば焼き缶	1缶100g（固形量70g）

※各レシピの栄養価、本文中の栄養成分数値などは「日本食品標準成分表2015年版（七訂）」（文部科学省）、「日本人の食事摂取基準2015年版」（厚生労働省）をもとにしていますが、記述によっては缶詰の栄養成分表示を採用しています。

Part 1
すぐにおいしい！
超スピード
レシピ

さば
水煮缶

オイルもおいしい!

さばのアヒージョ

材料（2人分）

さば水煮缶…1缶

A

| にんにく…1片
| レモン（輪切り）…1枚
| 赤唐辛子…1本
| 塩…小さじ1/2
| 粗びき黒こしょう…適量

オリーブ油…適量

作り方

1 スキレット（小鍋、小フライパンでも）にさばを缶汁ごと入れ、**A**（にんにくはたたきつぶす）を加える。

2 オリーブ油をひたひたになるまで加え、煮立つまで中火で煮る。

3 黒こしょうをふり、お好みでバゲットを添える。

魚缶で元気に

カロリー	413kcal
塩分	2.4g
DHA	1.2g
カルシウム	249mg

さば
水煮缶

濃いめの味を卵黄でまろやかに

さばの韓国風うま辛だれ

材料（2人分）

さば水煮缶…1缶

A

粉唐辛子…小さじ1/4

コチュジャン…小さじ1弱

みそ…小さじ1強

はちみつ…小さじ1/2

酢…小さじ1

卵黄…1個分

作り方

1 さばは缶汁をきって器に盛る。

2 Aをよく混ぜてかけ、卵黄をのせる。あれば小口切りの小ねぎをちらす。

魚缶で元気に

カロリー	154kcal
塩分	1.2g
DHA	0.9g
カルシウム	189mg

さば
水煮缶

超簡単だけどやみつきに！

さばのスパイスあえ

材料（2人分）

さば水煮缶…1缶

しょうが…1片

A

カレー粉…少々

粉唐辛子…少々

しょうゆ…少々

作り方

1 さばは缶汁をきって器に盛り、せん切りにしたしょうがをのせる。

2 **A**をかける。

魚缶で元気に

カロリー	136kcal
塩分	0.8g
DHA	0.9g
カルシウム	183mg

パクチー好きにはたまらない

さばのパクチーあえ

材料（2人分）

さば水煮缶…1缶

パクチー…1〜2株

レモン（くし形切り）…1切れ

A

　ナンプラー…小さじ1

　サラダ油…小さじ1

　粉唐辛子…適量

作り方

1 さばは缶汁をきって器に盛り、**A**をかける。

2 ざく切りのパクチーをのせ、レモンを添えてしぼりかける。

魚缶で元気に

カロリー	155kcal
塩分	1.3g
DHA	0.9g
カルシウム	187mg

23

さば
水煮缶

からしが味のポイントです

さばの酢みそだれ

材料（2人分）

さば水煮缶…1缶

小ねぎ…1〜2本

A

　みそ…大さじ2

　はちみつ…大さじ1

　からし…小さじ1弱

　酢…大さじ1

作り方

1　さばは缶汁をきって器に盛る。小ねぎは小口切りにする。

2　**A**を混ぜてさばにかけ、小ねぎをのせる。

魚缶で元気に

カロリー	202kcal
塩分	2.8g
DHA	0.9g
カルシウム	203mg

さば
水煮缶

冷蔵庫にあるものだけでOK

さばのみそマヨあえ

材料（2人分）

さば水煮缶…1缶

青じそ…3枚

A

| マヨネーズ…大さじ1

| みそ…小さじ1

作り方

1 さばは缶汁をきって器に盛る。
青じそは粗みじん切りにする。

2 **A**を混ぜてさばにかけ、青じ
そをのせる。

魚缶で元気に

カロリー	181kcal
塩分	1.1g
DHA	0.9g
カルシウム	189mg

鮭
水煮缶

セロリで食感をプラス

鮭のチーズソース

材料（2人分）

鮭水煮缶…1缶

A

| クリームチーズ…40g
| 牛乳…大さじ1
| 塩…ひとつまみ

セロリ…10g

作り方

1 鮭は缶汁をきって器に盛る。セロリは斜め薄切りにする。

2 耐熱容器に**A**を入れ、電子レンジ（600W）で40秒加熱して混ぜて**1**にかけ、セロリをのせる。

魚缶で元気に

カロリー	185kcal
塩分	1.6g
DHA	0.3g
カルシウム	147mg

鮭
水煮缶

調味料なし、キムチだけ！

鮭のキムチ煮

材料(2人分)

鮭水煮缶…1缶

白菜キムチ…50g

小ねぎ…1本

すり白ごま…小さじ1

作り方

1 鮭は缶汁ごと鍋に入れてキムチを加え、強火にかける。

2 煮立ったらぶつ切りにした小ねぎを加え、器に盛ってすりごまをふる。

魚缶で元気に

カロリー	174kcal
塩分	1.1g
DHA	0.9g
カルシウム	204mg

ツナ
油漬け缶（かん）

おしんこの食感がアクセント

ツナのかくやあえ

材料（1人分）

ツナ油漬け缶…1缶

A

| たくあん…20g

| しば漬け…20g

| 青じそ…3枚

いり白ごま…小さじ1

作り方

1 **A**は粗みじん切りにしてボウルに入れる。

2 ツナは油をきって**1**に加え、いりごまも加えてあえる。

魚缶で元気に

カロリー	112kcal
塩分	1.6g
DHA	0.02g
カルシウム	27mg

28

ツナ
油漬け缶

甘口の麦みそでまろやかに

ツナのねぎみそあえ

材料（2人分）

ツナ油漬け缶…1缶

長ねぎ…3〜4cm

麦みそ…大さじ1

作り方

1　長ねぎは粗みじん切りにし、麦みそとボウルに入れ、ざっと混ぜる。

2　ツナは油をきって**1**に加え、さっくりあえる。

魚缶で元気に

カロリー	112kcal
塩分	1.3g
DHA	0.02g
カルシウム	10mg

麦みその原料、はだか麦は食物繊維のβグルカンが豊富。腸内環境を整え、大腸がん予防を助けることが期待されている。

チャンクを使うのがポイント

ツナのこんがりチーズ焼き

材料 (2人分)

ツナ(油漬け缶)チャンク…1缶

玉ねぎ…1/4個

A

ピザチーズ…20g

粉チーズ…大さじ1/2

作り方

1 ツナは油をきって粗くほぐし、薄切りにした玉ねぎと耐熱皿に入れる。

2 **A**をちらしてグリルかオーブントースターでこんがりするまで焼き、あればチリパウダーをふる。

魚缶で元気に

カロリー	201kcal
塩分	0.8g
DHA	0.19g
カルシウム	44mg

ツナのうまみが豆腐にしみて

ツナの温やっこ

材料（1人分）

ツナ油漬け缶…1/2缶

木綿豆腐…1/3丁

おろししょうが…小さじ1

しょうゆ…少々

小ねぎ…1/2本

魚缶で元気に

カロリー	180kcal
塩分	0.8g
DHA	0.03g
カルシウム	46mg

作り方

1 豆腐は3つに切って耐熱皿に入れ、油をきったツナをのせ、ラップをふんわりかけて電子レンジ（600W）で1分加熱する。

2 おろししょうがをのせてしょうゆをかけ、小口切りにした小ねぎをのせる。

サーディン

酸味がサーディンのうまみをアップ

ピクルスサーディン

材料（2人分）

サーディン…1缶

きゅうりピクルス…小2本

パセリ…適量

レモン…適量

作り方

1　ピクルス、パセリは粗みじん切りにする。

2　サーディンは油をきって粗くほぐし、**1**とさっくりあえ、レモンを添える。

魚缶で元気に

カロリー	140kcal
塩分	0.4g
DHA	0.3g
カルシウム	134mg

ピクルスは、サワータイプ、スイートタイプがあるが、スイートの糖質量はサワーの5倍以上。糖質オフにしたい場合はサワーを選ぶのがおすすめ。

パン粉の香ばしさが最高！

サーディンのカリカリパン粉のせ

材料（2人分）

サーディン…1缶

A

パン粉（細びき）…大さじ2

粉チーズ…大さじ1

オリーブ油…大さじ1

塩…ふたつまみ

作り方

1 サーディンは油をきって耐熱皿に並べる。

2 **A**を混ぜてのせ、グリルかオーブントースターでこんがりするまで焼く。

魚缶で元気に

カロリー	219kcal
塩分	1.6g
DHA	0.3g
カルシウム	172mg

サーディン

黒ごまの香ばしさをプラス

サーディンのごま七味焼き

材料 (2人分)

サーディン…1缶

A

いり黒ごま…大さじ1/2

七味唐辛子…適量

塩…ふたつまみ

作り方

1 サーディンは油をきって耐熱皿にのせる。

2 **A**をふりかけ、グリルかオーブントースターでこんがりするまで焼く。

魚缶で元気に

カロリー	148kcal
塩分	1.5g
DHA	0.3g
カルシウム	158mg

サーディン

和風の味つけで目先を変えて

サーディンの梅じそだれ

材料（2人分）

サーディン…1缶

梅干し…大1個

青じそ…2枚

A

いり白ごま…小さじ1

しょうゆ…少々

作り方

1 梅干しは種をとって粗くたたき、青じそは粗みじん切りにする。

2 サーディンは油をきって器に盛り、**1**をのせて**A**をかける。

魚缶で元気に

カロリー	150kcal
塩分	0.9g
DHA	0.3g
カルシウム	153mg

魚缶 ちょいのせカタログ

パート1で紹介したような「ちょいのせ」アイテムをまとめてみました。そのまま食べてもおいしい魚缶ですが、ちょいのせすればなお美味に。同じさば水煮缶もカレー粉をふるか、粉山椒をふるかでガラッと変わります。お気に入りのちょいのせアイテムを見つけて楽しみましょう。

香りをちょいのせ

オレガノ

ピザやトマトソースでおなじみのハーブ。香りが強く、魚缶の匂いを消したいときにおすすめ。

粗びき黒こしょう

強い香りと辛みが魚缶にぴったり。オイルとも相性がよいので、油漬け缶にたっぷりふってどうぞ。

カレー粉

うまみが濃い魚缶におすすめ。魚の豊かな脂肪のせいか、辛みがマイルドになって食べやすい。

クミン

カレー粉の主要なスパイス。単独で使うとエキゾチックな香りで、後口がさわやかな印象になる。

粉山椒

うなぎに欠かせない和のスパイス。もちろん魚缶とも相性よし。味つけ魚缶にふるのがおすすめ。

さわやかさ、辛みをちょいのせ

小ねぎ

和洋中エスニック、どんな味つけにも
なじみやすい薬味。これだけどっさり
のせて食べてもOK。

パクチー

魚缶のクセをさっぱりカバーしてくれ
る。水煮缶、油漬け缶はもちろん、み
そ煮、かば焼きにも合う。

パセリ

スーッとした香り、ほのかな苦みが魚
缶と相性よし。黒こしょう、レモンと
合わせるのもおすすめ。

唐辛子

一味唐辛子、七味唐辛子をふるのはも
ちろん、ホールを細かく刻んでのせる
のも刺激的でおいしい。

しょうが

魚としょうがは名コンビ。しょうゆ味な
どの和風のほか、カレー粉とコンビで
のせるのもおすすめ。

Part 2
豆腐や卵をプラス
小さなおかず
レシピ

さば
水煮缶

たっぷりの海苔がポイント

香り海苔ポンあえ

材料（2人分）

さば水煮缶…1缶

もみ海苔…適量

三つ葉…1株

みょうが…2個

しょうが…1片

A

| ぽん酢…大さじ1
| オリーブ油…大さじ1/2

作り方

1 三つ葉はざく切り、みょうが
は薄切り、しょうがはせん切
りにする。

2 さばは缶汁をきってボウルに
入れ、粗くほぐす。

3 **2**に**1**、**A**を加えてさっくりあ
えて器に盛り、海苔をのせる。

> **魚缶で元気に**

カロリー	172kcal
塩分	1.3g
DHA	0.9g
カルシウム	198mg

オリーブ油に豊富に含ま
れる脂肪酸のオレイン酸
には、悪玉コレステロー
ルを減らしたり、胃腸の
調子を整える働きがある
といわれる。

さば
水煮缶

豆腐にうまみをしみ込ませて

さば豆腐

材料（2人分）

さば水煮缶…1缶

木綿豆腐…1/2丁　150g

しめじ…1/2袋　50g

A

| 酒…大さじ3
| しょうゆ…大さじ1

作り方

1　さばは缶汁ごと鍋に入れる。

2　豆腐は手で4つに割り、しめじはほぐし、**1**に加える。

3　**A**を加えて煮立て、豆腐が熱くなるまで中火で煮る。器に盛り、あればざく切りの三つ葉をのせる。

魚缶で元気に

カロリー	272kcal
塩分	2.2g
DHA	1.2g
カルシウム	324mg

豆腐は高たんぱく質で低糖質なので、ダイエット向きの食品。木綿豆腐は、絹ごしより若干だが低糖質で、カルシウムが多い。

さば
水煮缶

さばの韓国風ピリ辛炒め

材料（2人分）

さば水煮缶…1缶

豆もやし…1/2袋

にら…1袋　40g

ごま油…大さじ1

A

| おろしにんにく…小さじ1

| コチュジャン…大さじ1

| しょうゆ…少々

| 砂糖…小さじ1弱

| すり白ごま…大さじ1/2

作り方

1 さばは缶汁をきり、缶汁は大さじ3をボウルに入れて**A**を混ぜる。

2 もやしは水に放してざるに上げ、にらはざく切りにする。

3 フライパンを熱してごま油をひき、**1**のさば、**2**を入れて強火でさっと炒め、**1**のボウルの調味料を加えて手早くからめる。

魚缶で元気に

カロリー	305kcal
塩分	1.8g
DHA	1.2g
カルシウム	295mg

豆もやしは、緑豆もやしより栄養価が高く、たんぱく質は約2倍、食物繊維は1.7倍含まれる。

麩からうまみがジュワッ！

さばと車麩の卵とじ

材料（2人分）

さばしょうゆ煮缶…1缶

卵…2個

小ねぎ…1本

車麩…2個

水…100ml

作り方

1　さばは缶汁をきり、缶汁は土鍋に入れる。

2　車麩はたっぷりの水につけて戻し、しぼって3〜4つに切る。

3　**1**の土鍋に水を加えて煮立て、味をみて足りなければしょうゆ少々を加える。さば、**2**を加えて強火でさっと煮て、溶きほぐした卵を回し入れ、ふたをして好みの加減に火を通す。斜め切りにした小ねぎをのせる。

魚缶で元気に

カロリー	304kcal
塩分	1.5g
DHA	1.4g
カルシウム	200mg

良質なたんぱく食品である卵は、たんぱく質の代謝を助けるビタミンB群、亜鉛、鉄などの栄養素も豊富なので、筋肉作りに役立つ食品といえる。

調味料なし、缶汁だけでOK！

さばと厚揚げのみそ炒め

材料（2人分）

さばみそ煮缶…1缶

厚揚げ…小1枚（150g）

三つ葉…1株

ごま油…大さじ1

酒…大さじ1/2

作り方

1 さばは缶汁をきり、缶汁はボウルに入れて酒を混ぜる。

2 厚揚げは食べやすい大きさに手で割り、ざるに並べて熱湯をかける。

3 フライパンを熱してごま油をひき、**2**を入れて焼き色がつくまで強火で炒め焼きにし、**1**を加えてさっと炒め合わせ、ざく切りにした三つ葉を加えて火を止める。

> 魚缶で元気に

カロリー	381kcal
塩分	1.0g
DHA	1.4g
カルシウム	389mg

厚揚げは、糖質量が0.2g（100gあたり）。糖質オフに役立つたんぱく食品だ。熱湯をかけて油抜きすると、調味料がなじみやすくなる。

ラー油と酢で味を引き締めて

さんまの中華風豆腐あえ

材料（2人分）

さんまかば焼き缶…1缶

木綿豆腐…1/2丁…150g

しょうが…1片

小ねぎ…2本

A

| ラー油…適量

| ごま油…大さじ1強

| 酢…大さじ1

作り方

1 豆腐は4つに切ってペーパータオルで包み、軽い重しをしてしっかり水けをきり、ボウルに入れて粗くくずす。

2 しょうがはみじん切り、小ねぎはぶつ切りにする。

3 さんまは缶汁ごと別のボウルに入れて**2**、**A**を混ぜ、**1**を加えてあえる。

魚缶で元気に

カロリー	245kcal
塩分	0.8g
DHA	0.6g
カルシウム	196mg

1日に大さじ1の酢を摂ると、内臓脂肪や血圧を下げるのを助けて健康に役立つといわれる。また、血糖値の急上昇予防にも役立つ。

ほたて
水煮缶

ゆで卵がごちそう小鉢に変身！

卵のほたてあんかけ

材料（2人分）

ほたて水煮缶…1缶

半熟卵…2個

A

| 水…50ml
| 酒…大さじ2
| しょうゆ…大さじ1
| 片栗粉…大さじ1/2

貝割れ菜…適量

作り方

1 ほたては缶汁ごと鍋に入れて**A**を加え、かき混ぜながら弱中火で煮立て、とろみをつける。火を止めてざく切りにした貝割れ菜を加える。

2 半熟卵は半分に切って器に盛り、**1**をかける。

魚缶で元気に

カロリー	137kcal
塩分	1.8g
DHA	0.07g
カルシウム	46mg

ほたて水煮缶は、ビタミンB12が豊富。赤血球やヘモグロビンを正常に作り、細胞を新しく作るために欠かせないビタミンだ。末梢神経の健康を保つ役目もあり、不足すると肩こりやしびれの原因になることも。

鮭
水煮缶

熱々ごはんが止まらない！

鮭のしっとりふりかけ

材料（作りやすい分量）

鮭水煮缶…1缶

A

| しょうゆ…大さじ1強
| 酒…大さじ1
| すり白ごま…大さじ1

作り方

1 鮭は缶汁ごとボウルに入れ、細かくほぐす。

2 フライパンに**1**、**A**を入れて強火にかけ、かき混ぜながら炒りつける。汁けがほぼなくなったら火を止める。

<table>
<tr><td colspan="2">魚缶で元気に</td></tr>
<tr><td>カロリー</td><td>49kcal</td></tr>
<tr><td>塩分</td><td>0.5g</td></tr>
<tr><td>DHA</td><td>0.1g</td></tr>
<tr><td>カルシウム</td><td>57mg</td></tr>
</table>

鮭缶に豊富なビタミンB12は、正常な赤血球を作り、エネルギー代謝を助けるなど大事な働きをする。不足すると悪性貧血になることも。

だし代わりの缶汁が決め手

あさりの薄焼き卵

材料（2人分）

あさり水煮缶…1缶

卵…3個

三つ葉…1株

A

| 塩、砂糖…各ふたつまみ

ごま油…大さじ1

作り方

1 卵は溶きほぐして**A**を混ぜ、あさりを缶汁ごと加える。ざく切りの三つ葉を加えてさっと混ぜる。

2 フライパンを熱してごま油をひき、**1**を流し入れて広げ、強中火で焼く。

3 こんがり焼けたら裏返して焼き、火が通ったら取り出して粗熱をとり、切り分ける。

魚缶で元気に

カロリー	230kcal
塩分	2.0g
DHA	0.1g
カルシウム	103mg

あさり水煮缶は、ビタミンB12がとても豊富。貧血予防やエネルギー代謝のほか、末梢神経の正常な働きを助け、眼精疲労や肩こり予防にも働く。

味つけ
魚缶

うなぎに負けないおいしさ

う巻き風いわしの卵焼き

材料（2人分）

いわしかば焼き缶…1缶

卵…3個

A

｜ 塩、砂糖…各ふたつまみ

ごま油…大さじ1

作り方

1 卵は溶きほぐして**A**を混ぜる。

2 いわしは缶汁をきる。

3 卵焼き器を熱してごま油の半量をひき、**1**の半量を流し入れて**2**をまん中に並べ、強中火で焼き、巻く。ごま油を足し、**1**の残りを流し入れて焼き、巻く。粗熱をとって切り分ける。

※卵を巻くときは向こう側から手前に巻き、巻いた卵を向こう側に寄せて油を足し、残りの卵を流し入れる。

魚缶で元気に

カロリー	256kcal
塩分	2.0g
DHA	0.5g
カルシウム	115mg

卵は、たんぱく質が約7g（1個あたり）含まれる優秀なたんぱく食品。また、カルシウムの効率をよくするビタミンD、ビタミンKが豊富なので、魚缶とコンビで食べるのは○。

缶汁活用法

魚缶の大きな魅力のひとつ、それは缶汁。うまみと栄養がぎっしり詰まった缶汁を活用しないのはもったいない！　缶汁さえあれば炊き込みごはん、スパゲッティ、焼きそば、つけ麺、小鍋など、すべてだし要らずで作れるのです。活用法のポイントを紹介しましょう。

焼きそばに

ほたての焼きそば（P120）では、ほたてのうまみ十分の缶汁だけを先に加え、麺とよく炒める。こうすることで麺にうまみがしみ込むので、味つけは黒酢としょうゆだけでも深い味わいに仕上がる。

煮込みうどんに

濃いうまみが楽しめる、さばみその煮込みうどん（P112）。野菜から水分が出るので、さばのみそ煮缶の缶汁に少しだけ麺つゆをプラスするのがポイント。味をみながら調整しよう。

缶汁で
もう一品

炒めものに

缶汁をきって魚だけを食べるレシピでは、缶汁が余る。これを使ってもう一品。水煮やみそ煮しょうゆ煮の缶汁は炒めものの味つけに。缶汁をボウルに入れ、酒や豆板醤を足して野菜炒めにどうぞ。

サラダに

濃厚な缶汁は、サラダの味つけにもおすすめ。みそ煮、しょうゆ煮、水煮の缶汁を野菜に加え、酢、オイル、レモン汁、しょうゆ、こしょうなどを足せばOK。

Part 3
栄養満点！
野菜たっぷり
レシピ

さば
水煮缶

ワインとバターでオシャレに

さばとキャベツのバターしょうゆ

材料（2人分）

さば水煮缶…1缶

キャベツ…3枚（150g）

玉ねぎ…1/4個

セロリ…30g

バター…10g

A

| しょうゆ…大さじ1/2

| 白ワイン…大さじ2

作り方

1 さばは缶汁をきる。

2 キャベツはざく切り、玉ねぎ
は薄いくし形切り、セロリは
斜め薄切りにする。

3 フライパンを熱し、バターと
2を入れて中火で炒め、やや
しんなりしたら**1**を加えて炒
め合わせ、**A**を加えて強火に
し、手早くからめる。

> **魚缶で元気に**

カロリー	213kcal
塩分	1.4g
DHA	0.9g
カルシウム	228mg

香りのよいセロリは、魚
缶レシピと好相性。両方
がなじむため、魚臭さ、
セロリ臭さはどちらも気
にならなくなる。セロリ
の香り成分には、精神を
安定させる働きがあると
いわれる。

さば
水煮缶

ごぼうの香りがさばと好相性

さばとごぼうのピリ辛煮

材料（2人分）

さば水煮缶…1缶

ごぼう…100g

赤唐辛子…2本

A

酒…大さじ2

みりん…大さじ2

しょうゆ…大さじ1

ごま油…小さじ1

魚缶で元気に

カロリー	299kcal
塩分	2.2g
DHA	1.2g
カルシウム	274mg

赤唐辛子の辛み成分、カプサイシンは、血行促進や脂肪燃焼を助ける。また、毛細血管を拡張することで、高血圧予防にも働くともいわれる。

作り方

1　さばは缶汁をきって粗くほぐし、缶汁は鍋に入れる。ごぼうは太めのささがきにし、缶汁の鍋に加える。

2　赤唐辛子は種をざっと取り、みじん切りにして**1**の鍋に加え、**A**も加えて煮立て、弱火にしてしばらく煮る。

3　ごぼうが好みの加減に煮えたら、さばを加えて中火でさっと煮て温める。

さばのワカモレ

材料（2人分）

さば水煮缶…1缶

アボカド…1個

玉ねぎ…1/4個

赤パプリカ…1/2個

A

| マヨネーズ…大さじ3

| おろしにんにく…少々

| タコ用ミックススパイス…小さじ1/2

魚缶で元気に

カロリー	433kcal
塩分	1.2g
DHA	0.9g
カルシウム	198mg

赤パプリカには、ビタミン、ミネラルがとても豊富。なかでもビタミンCはレモンの1.7倍も含まれているので、生で食べるのがおすすめの野菜だ。

作り方

1 さばは缶汁をきり、ボウルに入れてほぐす。アボカドは種と皮を取ってざく切りにし、玉ねぎはみじん切りにし、さばに**A**と加え、混ぜる。

2 パプリカは食べやすい大きさに切る。

3 **1**、**2**を器に盛り、さばワカモレをパプリカにのせて食べる。あればタコチップを添える。

ごはんに合うドレッシングで

さばとトマトのおかずサラダ

材料（2人分）

さば水煮缶…1缶

トマト…大1個

紫玉ねぎ…1/4個

グリーンカール…2枚

A

| ぽん酢…大さじ2

| ごま油…小さじ1

| 砂糖…小さじ1/2

| すり白ごま…小さじ1

作り方

1 さばは缶汁をきり、缶汁は大さじ2を大きめのボウルに入れて**A**を混ぜる。

2 トマトは7〜8mm厚さの半月切り、紫玉ねぎは薄切り、グリーンカールは小さめにちぎる。

3 **1**のボウルにさば、**2**を加えて手で混ぜ、全体をなじませる。

> **魚缶で元気に**

カロリー	247kcal
塩分	2.2g
DHA	1.2g
カルシウム	289mg

紫玉ねぎの紫色はアントシアニンという成分で、強い抗酸化作用で老化予防を助ける。眼の健康維持にも役立つといわれる。

缶汁のおかげでだし要らず

鮭といろいろ青菜のみそ小鍋

材料（2人分）

鮭水煮缶…1缶

小松菜…2株

豆苗…1/2袋

春菊…4株

A

みそ…大さじ2

酒…大さじ3

みりん…大さじ2

水…400ml

B

ごま油…小さじ1強

すり白ごま…大さじ2

作り方

1 鮭は缶汁をきって粗くほぐす。缶汁は土鍋に入れる。

2 小松菜、豆苗はざく切り、春菊は葉を摘みとって茎は斜め切りにする。

3 **1**の土鍋に**A**を加えて煮立て、鮭と**2**を加えて強火でさっと煮る。火を止めて**B**をかける。

魚缶で元気に

カロリー	348kcal
塩分	2.8g
DHA	0.4g
カルシウム	383mg

ごまの皮はかたくて消化が悪いため、すりごまにして食べることで吸収がよくなる。カルシウムなどのミネラルや、たんぱく質代謝を助けるビタミン（葉酸）が豊富。

鮭
水煮缶

焼きたての味は格別！

鮭ときのこのグラタン

材料（2人分）

鮭水煮缶…1缶

しめじ…1袋

玉ねぎ…1/4個

バター…20g

小麦粉…大さじ2

塩、こしょう…各少々

牛乳…250ml

A

| ピザチーズ…30g
| 粉チーズ…大さじ1

魚缶で元気に

カロリー	410kcal
塩分	1.7g
DHA	0.4g
カルシウム	424mg

しめじには、ぶなしめじ、ほんしめじ、ひらたけなどがある。それぞれ栄養価に個性があり、ぶなしめじは食物繊維、ひらたけはビタミンB群が豊富で、ほんしめじは一番ローカロリー。

作り方

1 鮭は缶汁をきって粗くほぐし、缶汁はボウルに入れておく。

2 しめじはほぐし、玉ねぎは薄切りにしてフライパンに入れ、バターを加えて中火で炒める。しんなりしたら小麦粉をふり入れて弱火で炒める。

3 牛乳と**1**の缶汁を混ぜ、**2**に少しずつ加えて混ぜ、中火で煮てとろみをつけ、鮭、塩、こしょうを加えて混ぜる。

4 耐熱皿に**3**を入れて**A**をかけ、オーブントースターでこんがりするまで焼く。

ひき肉より軽く、やさしい味

ツナのピーマン詰め焼き

材料（3〜4人分）

ツナ油漬け缶…2缶

ピーマン…4〜5個

ポテトフレーク…50g

牛乳…50ml

A

| 塩、こしょう…各少々
| バター…10g

パン粉（細びき）…適量

オリーブ油…大さじ1

作り方

1 ピーマンは縦半分に切ってへた、種を取る。

2 ボウルにポテトフレークを入れて熱湯3/4カップ、牛乳を加えて手早く混ぜ、熱いうちに**A**を混ぜる。缶汁をきったツナを加えて混ぜ、**1**に等分に詰め、断面にパン粉を押しつける。

3 フライパンを熱してオリーブ油をひき、**2**のパン粉側を下にして並べ、中火で焼く。こんがりしたら裏返し、好みの加減まで焼く。

魚缶で元気に

カロリー	269kcal
塩分	0.8g
DHA	0.03g
カルシウム	30mg

ピーマンはとてもローカロリー（1個6kcal）な野菜で、ビタミンC、Kが豊富に含まれている。ピーマンのビタミンCは加熱調理に強いといわれるので、じっくり焼いて甘みを引き出すレシピで食べてもOK。

ツナのうまみでだし要らず

ツナじゃが

材料（2人分）

ツナ油漬け缶…2缶

じゃがいも…3個

玉ねぎ…1/2個

しらたき…100g

絹さや…10枚

A

　水…200ml

　酒…100ml

　みりん…50ml

　しょうゆ…大さじ2

　砂糖…大さじ1/2

作り方

1　じゃがいもは食べやすい大きさに切り、玉ねぎはくし形切り、しらたきはざく切りにする。絹さやはさっとゆで、細切りにする。

2　鍋にツナを缶汁ごと入れ、絹さや以外の**1**、**A**を加えて煮立て、ふたをして弱火で煮る。

3　じゃがいもに火が通ったら強火にして全体を混ぜ、絹さやを加えて火を止める。

魚缶で元気に

カロリー	471kcal
塩分	3.2g
DHA	0.04g
カルシウム	66mg

じゃがいもにはビタミンCがとても豊富に含まれ（1個あたり約50mg）、レモン果汁1/2カップに匹敵する。じゃがいものビタミンCは加熱に比較的強いので、煮て食べてもOK。

たっぷりキャベツがポイント

ツナとキャベツのチヂミ

材料（2人分）

ツナ油漬け缶…1缶

キャベツ…150g

A

| 溶き卵…1個

| 小麦粉…1/3カップ

| 塩、こしょう…各少々

ごま油…適量

酢、しょうゆ…各適量

作り方

1 キャベツはせん切りにしてボウルに入れ、**A**、ツナを缶汁ごと加えて混ぜる。

2 フライパンを熱してごま油を多めにひき、**1**を流し入れて中火でじっくり焼く。こんがりしたら、ごま油を足して裏返し、こんがりするまで焼く。

3 粗熱をとって切り分け、器に盛って酢じょうゆを添える。

魚缶で元気に

カロリー	332kcal
塩分	1.6g
DHA	0.05g
カルシウム	52mg

キャベツのせん切りはパック野菜を使ってもOK。パック野菜は殺菌されているものの、栄養価は意外に優秀。忙しいときの味方として使いこなそう。

ほたて
水煮缶

脂っぽくなくて、うまみは十分

ほたてと彩り野菜のチャプチェ

材料（2人分）

ほたて水煮缶…1缶

にんじん……1/4本

玉ねぎ……1/2個

小松菜…2株

赤パプリカ…1/3個…

はるさめ（緑豆製）…100g

ごま油…適量

塩、こしょう…各適量

A

　酒…大さじ1

　しょうゆ…大さじ1

　おろしにんにく…少々

　砂糖…小さじ1強

作り方

1 にんじん、パプリカはせん切り、玉ねぎは薄切り、小松菜はざく切りにする。フライパンにごま油少々を熱し、野菜を一種類ずつ炒め、塩、こしょうをふってボウルに移す。

2 はるさめは表示通りにもどし、ざるに上げてざく切りにする。

3 フライパンを熱してごま油少々をひき、**2**を入れて強火でさっと炒め、**A**とほたての缶汁を加えてからめ、**1**のボウルに入れてあえる。

濃い味の缶汁で簡単味つけ

さばの回鍋肉

材料（2人分）

さばみそ煮缶…1缶

キャベツ…150g

ピーマン…1個

長ねぎ…1/2本

しょうが…1片

ごま油…大さじ1

A

| 豆板醤…小さじ2

| 酒…大さじ2

作り方

1 キャベツ、ピーマンは食べやすい大きさに切り、長ねぎは斜め切り、しょうがはせん切りにする。

2 さばは缶汁をきって粗くほぐし、缶汁はボウルに入れて**A**を混ぜる。

3 フライパンを熱してごま油をひき、**1**を入れて強火で好みの加減まで炒め、**2**を加えて炒め合わせる。

魚缶で元気に

カロリー	312kcal
塩分	2.3g
DHA	1.4g
カルシウム	245mg

さばと好相性のしょうが。生しょうがに含まれる成分のジンゲロールが、加熱するとショウガオールに変わり、体の芯を温めて脂肪の燃焼を助けるといわれる。

あさり
水煮缶

仕上げの貝割れ菜が決め手

あさりと大根のしょうが煮

材料（2人分）

あさり水煮缶…1缶

大根…200g

貝割れ菜…1/2パック

しょうが…大1片

A

| 水…150ml
| 酒…大さじ1と1/2
| しょうゆ…大さじ1/2

作り方

1 あさりは缶汁をきり、缶汁は鍋に入れる。

2 大根は薄めの乱切り、しょうがはせん切りにして**1**の鍋に加え、**A**も加えて煮立てる。弱火にしてふたをし、大根がやわらかくなるまでじっくり煮る。

3 あさりを加えて強火にし、全体を混ぜる。ざく切りにした貝割れ菜を加えて火を止める。

魚缶で元気に

カロリー	92kcal
塩分	1.2g
DHA	0.04g
カルシウム	82mg

貝割れ菜は、βカロテン、ビタミンC、葉酸などが豊富に含まれている。あしらいとしてチョコッと食べるのではなく、1人1パックくらいモリモリ食べたい野菜。

魚缶＋野菜でパーフェクト！①

栄養豊富な魚缶ですが、ビタミンC、食物繊維など、含まれていない栄養素もあります。これを補ってくれるのが野菜。また、野菜に豊富な栄養素が魚缶の健康効果をアップしてくれる利点も。野菜と組み合わせることで、栄養も味わいも上々。一品でパーフェクトに近づきます。

ビタミンKが豊富な野菜をプラス

小松菜、豆苗、にら、春菊、三つ葉、青じそ、パセリなど緑色の濃い野菜には、ビタミンKが豊富。魚缶に豊富なカルシウムは、ビタミンKの働きがあってはじめて骨に定着するので、これらの野菜と組み合わせるとよい。ビタミンKは脂溶性ビタミンなので、油脂で調理すると吸収がアップ。

ルテインが豊富な野菜をプラス

ルテインは野菜の色素のひとつで、青色光などから目を守る働きがあり、白内障や黄斑変性症などの予防に役立つことが報告されている。にら、にんじん、ほうれん草、クレソン、ブロッコリーなどに豊富に含まれる。

ビタミンCが豊富な野菜をプラス

魚缶にまったく含まれていないビタミンC。高い抗酸化作用で老化予防に役立ち、美肌キープを助ける。これが豊富な野菜は、赤パプリカ、ピーマン、水菜、キャベツ、パセリ、ブロッコリーなど。意外なものでは、じゃがいもにも豊富。また、魚缶にレモンをしぼって食べるのもおすすめだ。

カリウムが豊富な野菜をプラス

カリウムは塩分排出に働くので、味つけ魚缶のような塩分多めのものと組み合わせるとよい。また、カリウムは水に溶けるので、煮たりゆでたりするより、炒めるか焼くのが〇。ピーマン、赤パプリカをじっくり焼いて魚缶と食べるのがおすすめ。

Part 4
アレンジが楽しい
パン
レシピ

さば
水煮缶

さばのバインミー

材料（2人分）

さば水煮缶…1缶

バゲット…1/2本

にんじん…30g

玉ねぎ…1/8個

パクチー…適量

レバーペースト…大さじ2

マヨネーズ…大さじ2

A

| ナンプラー…小さじ1強

| 砂糖…小さじ1

| 酢…小さじ2

作り方

1 にんじんはせん切り、玉ねぎは薄切りにし、**A**を加えてよくもみ混ぜる。

2 さばは缶汁をきり、粗くほぐす。

3 バゲットを半分に切って横に切り込みを入れ、断面の下のほうにレバーペースト、上のほうにマヨネーズを塗る。

4 汁けをざっときった**1**、**2**、ざく切りにしたパクチーをはさむ。

魚缶で元気に

カロリー	412kcal
塩分	2.7g
DHA	0.9g
カルシウム	206mg

バゲットのGI値は57。白パンが71なので比較的低い。また、よく噛まないと食べられないため満腹感を感じやすいので、パンのなかではダイエット向きといえる。

さば
水煮缶

ベーコンがさばと引き立て合う

さばのBLTサンド

材料（2人分）

さば水煮缶…1缶

イギリスパン…4枚

ベーコン…4枚

レタス…2枚

トマト…1/2個

マヨネーズ…大さじ4

からし…適量

作り方

1 さばは缶汁をきってほぐす。ベーコンは半分に切ってカリカリに焼く。

2 レタスはちぎり、トマトは輪切りにする。

3 パンはトーストしてマヨネーズとからしを塗り、**1**、**2**をはさみ、食べやすく切る。

魚缶で元気に

カロリー	791kcal
塩分	3.4g
DHA	0.9g
カルシウム	227mg

ベーコンは、ものによって味つけが違うため、糖質量がまちまち。日本食品標準成分表（文部科学省）では、「ベーコン」0.3g、「ロースベーコン」3.2g、「ショルダーベーコン」2.5g（100gあたり）だが、選ぶときは商品の炭水化物量表示をチェックして。

鮭
水煮缶

鮭のリエットオープンサンド

材料（2人分）

鮭水煮缶…1缶

バター…20g

クリームチーズ…80g

塩、こしょう…各少々

お好みのクラッカー、ラスクなど
　…適量

アボカド…1/2個

作り方

1　鮭は缶汁をしっかりきる。

2　耐熱ボウルにバター、クリームチーズを入れて電子レンジ（600W）で50秒ほど加熱し、よく混ぜて粗熱をとり、塩、こしょう、**1**をしっかり混ぜて冷蔵庫で冷やす。

3　クラッカーやラスクに**2**をのせ、食べやすく切ったアボカドをのせる。あればチリパウダーをふる。

魚缶で元気に

カロリー	508kcal
塩分	1.6g
DHA	0.3g
カルシウム	171mg

アボカドは食物繊維がとても豊富。1個あたり6.4gも含まれており、1日の必要量のおよそ3割をクリアできる。また、ビタミンE、B群、ミネラルも多い優秀な食品。

ツナ
油漬け缶

軽いランチにぴったりの一品

ツナチーズのフレンチトースト

材料（2人分）

ツナ油漬け缶…1缶

バゲット（3〜4cm厚さ斜め切り）

　…4枚

ピザチーズ…30g

A

　溶き卵…1個分

　牛乳…1と1/2カップ

　砂糖…小さじ1強

　塩…ふたつまみ

バター…20g

> **魚缶で元気に**

カロリー	571kcal
塩分	3.5g
DHA	0.05g
カルシウム	295mg

チーズは低糖質で脂質が多いので、血糖値を上げにくい。小腹が空いたときには、チーズを食べると腹もちもよく、糖質オフダイエットを助ける。

作り方

1　**A**をよく混ぜてバゲットを浸し、ひと晩おく。

2　ツナは缶汁をしっかりきる。

3　フライパンを熱してバターを溶かし、**1**を並べてこんがりするまで中火で焼き、裏返して弱火にする。焼けた面に**2**、チーズをのせてふたをし、チーズがとろけるまで焼く。

生のトマトでヘルシーに

サーディンのピザトースト

材料（2人分）

サーディン…1缶

イングリッシュマフィン…2個

玉ねぎ…1/8個

ピーマン…小1個

トマト…1/2個

ピザチーズ…50g

マヨネーズ…大さじ3

塩…少々

作り方

1 サーディンは缶汁をきる。玉ねぎは薄切り、ピーマンは薄い輪切り、トマトは角切りにする。

2 マフィンは横半分に割ってマヨネーズを塗り、**1**をのせて塩をふり、チーズをのせる。

3 オーブントースターでこんがりするまで焼き、半分に切る。

> **魚缶で元気に**

カロリー	454kcal
塩分	2.2g
DHA	0.3g
カルシウム	328mg

サーディンはビタミンB群がとても豊富。脂質と糖質の代謝に必要なビタミンB2とパントテン酸、たんぱく質代謝に必要なB6などが摂れるので、エネルギー生成や新陳代謝を助ける食品といえる。

鮭
水煮缶

オレガノの風味が決め手

鮭のロブスターロール風

材料（2人分）

鮭水煮缶…1缶

ドッグパン…2個

A

| バター…10g
| にんにく（みじん切り）…少々
| 塩、オレガノ…各少々

マヨネーズ…大さじ2

粗びき黒こしょう、オレガノ
　…各適量

作り方

1　鮭は缶汁をしっかりきり、粗くほぐして耐熱ボウルに入れ、**A**を加える。ラップなしで電子レンジ（600W）で1分加熱する。

2　ドッグパンはまん中に切り込みを入れ、軽くトーストしてマヨネーズを塗り、**1**をはさむ。黒こしょう、オレガノをふる。

魚缶で元気に

カロリー	509kcal
塩分	2.1g
DHA	0.3g
カルシウム	167mg

1日の塩分量の目標値（厚生労働省）は7～8g。このレシピは鮭缶、マヨネーズ、パンの塩分だけで、1人分2.1gだから一食量としては許容範囲だ。味つけ控えめだと、食べ始めは物足りないかもしれないが、ボリュームたっぷりなので食べていくうちにちょうどよくなるはず。

魚缶＋野菜でパーフェクト！②

野菜のパワーはビタミン、ミネラルだけではありません。消化吸収されないのに大事な働きをする食物繊維、野菜が自分自身を守るために作り出すフィトケミカルなど、魚缶にプラスしたい機能性成分にも注目しましょう。風味、食感、香りもプラスしてくれるので、おいしさもアップ。

βカロテンが豊富な野菜をプラス

βカロテンは野菜の色素成分で、体内で必要に応じてビタミンAに変わる。強い抗酸化作用により、粘膜や肌を正常に保ち、眼の健康維持にも役立つ。にんじん、にら、豆苗、赤パプリカ、かぼちゃ、ほうれん草などの青菜に豊富。

葉酸が豊富な野菜をプラス

緑の濃い野菜に豊富な葉酸（ビタミンB群のひとつ）は、魚缶に豊富なビタミンB12と協力して血液を作り、心筋梗塞や脳卒中予防に役立つといわれる。豆苗、水菜、ブロッコリー、ほうれん草、モロヘイヤなどに多く含まれている。

魚缶にゼロの食物繊維は、野菜で補おう。便秘改善に役立つほか、余分なコレステロールや糖質をからめとって排出する働きもある。ごぼう、豆苗、小松菜などの青菜、アボカド、しめじ、エシャロットなどに多く含まれる。

にんにく、ねぎ類の香り成分、アリシンは、魚缶のDHAと同じ血液サラサラ効果があるので、ダブルで効果が期待できる。にんにく、ねぎ類を細かく刻むか、すりつぶすことで生成され、油で調理すると効率がアップする。

Part 5
うまみを生かした
麺
レシピ

さば
水煮缶

たっぷりラー油で味が決まる

さばのピリ辛ぶっかけそば

材料（2人分）

さば水煮缶…1缶

そば（ゆで）…2玉

長ねぎ…1/4本

水菜…1株

A

| 麺つゆ（3倍濃縮）…大さじ3

| 水…大さじ2

ラー油…適量

作り方

1　さばは缶汁をきり、缶汁はボウルに入れて**A**を混ぜ、つゆを作る。

2　長ねぎは白髪ねぎにし、水菜はざく切りにする。

3　そばはゆがいて冷水で洗い、水けをきって器に盛る。さば、**2**をのせて**1**のつゆ、ラー油をかける。

魚缶で元気に

カロリー	444kcal
塩分	3.2g
DHA	1.2g
カルシウム	289mg

ごま油と唐辛子などで作られるラー油は、辛みと香りが食欲増進に効果満点。辛みのもとであるカプサイシンは、脂肪の燃焼、胃腸の健康維持、血行促進などに働くといわれる。ただし、大量に食べると粘膜を傷つけるので食べすぎはNG。

さば
水煮缶

缶汁のうまみを最大限に生かして

さばとトマトのスパゲッティ

材料（2人分）

さば水煮缶…1缶

スパゲッティ…140g

ホールトマト…1缶

玉ねぎ…1/2個

にんにく…1片

赤唐辛子…1本

オリーブ油…大さじ1

塩、こしょう…各適量

粉チーズ…適量

> **魚缶で元気に**
>
> | | |
> |---|---|
> | カロリー | 615kcal |
> | 塩分 | 3.5g |
> | DHA | 1.2g |
> | カルシウム | 368mg |
>
> トマト缶に含まれるリコピンは、生のトマトの約5倍。高い抗酸化力で血流をよくし、美肌や眼の健康維持に役立つといわれる。

作り方

1 さばは缶汁をきり、缶汁はボウルに入れる。スパゲッティはゆでる。

2 玉ねぎ、にんにくは薄切りにし、半分にちぎって種を取った赤唐辛子とフライパンに入れ、オリーブ油を加えて弱火にかけ、じっくり炒めて香りを出す。

3 **2**にトマトをにぎりつぶして加え、缶汁も加えて強火で煮詰め、**1**を加えてさっと炒め合わせる。

4 塩、こしょうで味を調え、器に盛って粉チーズをかける。

111

ごぼうの香りがいいアクセントに

さばみその煮込みうどん

材料（2人分）

さばみそ煮缶…1缶

うどん（ゆで）…2玉

白菜…150g

小ねぎ…2本

ごぼう…100g

A

| 水…4カップ

| 麺つゆ（3倍濃縮）…大さじ3

作り方

1 さばは粗くほぐしながら缶汁ごと鍋に入れ、**A**を加えて弱火にかける。

2 白菜は1cm幅の細切り、ごぼうはささがきにし、**1**に加えて煮立て、中火で煮る。

3 うどんはざるに入れて熱湯をかけ、水けをきって**2**にぶつ切りにした小ねぎと加え、ひと煮立ちさせて器に盛る。

魚缶で元気に

カロリー	536kcal
塩分	4.2g
DHA	1.4g
カルシウム	278mg

食物繊維は水溶性と不溶性の2種類があり、1：2の割合で摂るのがベストバランス。ごぼうには野菜にはめずらしく水溶性食物繊維が多く含まれているので、腸内環境改善を助ける。

鮭
水煮缶

クリームチーズの効果で濃厚に

鮭のマカロニサラダ

材料（2人分）

鮭水煮缶…1缶

クリームチーズ…40g

マカロニ…100g

玉ねぎ…1/8個

パセリ（みじん切り）…適量

A

酢…大さじ1

塩、砂糖…各少々

B

マヨネーズ…大さじ1と1/2

プレーンヨーグルト…大さじ1

作り方

1 鮭は缶汁をきってほぐし、缶汁大さじ1を大きめのボウルに入れて**A**を混ぜる。

2 玉ねぎは薄切りにして水にさらし、水けをふく。クリームチーズは小さい角切りにする。

3 マカロニは表示の時間より1分長めにゆで、ざるに上げて水をよくきり、**1**のボウルに入れてよくあえ、冷ます。

4 **3**に鮭、**2**、**B**を加えてあえ、パセリをふる。

魚缶で元気に

カロリー	504kcal
塩分	2.7g
DHA	0.4g
カルシウム	209mg

マカロニは意外にも食物繊維が多く、白飯の9倍（2.7g／乾燥マカロニ100gあたり）も含まれており、GI値は炭水化物のなかでは比較的低め。とはいえ血糖値を上げる炭水化物であることに変わりはないので食べすぎには注意しよう。

ツナ
油漬け缶

脂っぽくないからどんどんイケる

ツナのピリ辛つけ麺

材料（2人分）

ツナ油漬け缶…1缶

中華麺…2玉

A

にんにくみじん切り…1片分

しょうがみじん切り…1片分

豆板醤…小さじ2

しょうゆ…小さじ2

砂糖…小さじ1

B

水…1と1/2カップ

練りごま……大さじ1

ラー油…少々

パクチー…適量

作り方

1 ツナは缶汁ごとフライパンに入れて**A**を加え、弱中火でじっくり炒め、香りが出たら**B**を加えて煮立て、火を止める。

2 麺はゆでて水をきり、ざく切りにしたパクチーと器に盛り、**1**を添える。

魚缶で元気に

カロリー	525kcal
塩分	3.2g
DHA	0.02g
カルシウム	111mg

つけ汁に濃厚なコクと風味をつける練りごま。いりごまにはアンチエイジングを助ける働きがあるといわれるが、皮がかたくて消化しにくいので、すりつぶした状態の練りごまで食べると効率よし。

さば
水煮缶

香味野菜でさわやかに

さばそうめん

材料（2人分）

さば水煮缶…1缶

そうめん…3束

青じそ…4枚

みょうが…1個

小ねぎ…1本

A

| 麺つゆ（3倍濃縮）…大さじ1強
| 水…200ml

作り方

1 そうめんはゆでて水で洗い、水けをきる。青じそはせん切り、みょうがは薄切りにする。

2 さばは缶汁をきって粗くほぐし、缶汁は**A**と混ぜる。

3 器にそうめん、さば、青じそ、みょうがを盛り、小口切りにした小ねぎをちらす。

魚缶で元気に

カロリー	478kcal
塩分	2.2g
DHA	1.2g
カルシウム	271mg

みょうがの香り成分のひとつ、α-ピネンは、食欲増進、消化促進、解毒などの働きがあるといわれる。夏バテなど、疲労時の食事に添えるのがおすすめ。

ほたて
水煮缶

缶汁のうまみだけで味が決まる

ほたての焼きそば

材料（2人分）

ほたて水煮缶…2缶

中華麺（蒸し）…2玉

A

| 黒酢…大さじ2
| しょうゆ…大さじ1

もやし…1袋

パクチー…適量

ごま油…大さじ1

作り方

1 ほたては缶汁をきる。

2 フライパンを熱してごま油を
   ひき、中華麺を中火で炒め、
   ほぐれたらもやしを加えて炒
   め合わせ、**A**、**1**の缶汁を加
   えてじっくり炒める。

3 ほたてを加えて炒め合わせ、
   火を止めてざく切りのパク
   チーを加える。

魚缶で元気に

カロリー	483kcal
塩分	2.6g
DHA	0.02g
カルシウム	66mg

パクチーは香りだけでな
く、栄養も豊かな野菜。
カルシウムを骨に定着さ
せるビタミンKはほうれ
ん草より多く含まれてい
る。また、毒素を排出す
るデトックス作用がある
ともいわれる。

サーディン

いわしとじゃがいもは相性抜群！

サーディンとじゃがいものスパゲッティ

材料（2人分）

サーディン…1缶

じゃがいも…2個

スパゲッティ…100g

パセリ（みじん切り）…適量

にんにく（みじん切り）…1片分

バター…10g

粉チーズ…大さじ2

作り方

1 サーディンは缶汁をきる。スパゲッティをゆで始まる。

2 じゃがいもは1cm角に切り、スパゲッティの鍋に入れて一緒にゆで上げ、ざるに上げる。

3 フライパンににんにく、バターを入れて弱火で炒め、香りが出たら**1**、**2**を加えて強火で炒め合わせる。火を止めて粉チーズ、パセリを加えて混ぜ、器に盛る。

魚缶で元気に

カロリー	486kcal
塩分	2.1g
DHA	0.3g
カルシウム	225mg

サーディンには亜鉛も豊富に含まれている。亜鉛は細胞の生まれ変わりに必要なミネラル。不足すると味覚障害になるが、これは舌の表面の細胞がスムーズに生まれ変われなくて起こる症状だ。

種類いろいろ魚缶 選び方

魚缶の種類はどんどん増えています。自分の好きな缶詰を探して、そのまま食べるだけでなく、料理に合わせてチョイスしてみましょう。本書のレシピも違う魚缶で作ってみれば、また別のおいしさが生まれるかも。

さば水煮缶のバリエーション

おなじみのさば水煮缶は、さばに塩水を加えて作れるので、さば本来のシンプルな味。このバリエーションとして、オイル漬け（写真右）や味つき水煮缶（写真左）が登場。風味がついているので料理に使うときは調味料は控えめに。

ちょっと高級な魚缶

一般的な鮭缶はからふとますが原料で、1缶350円ほどで買える。これに対して紅鮭の缶詰は480円ほどと、ちょっと高級。また、ほたて水煮缶はお手頃なほぐし身のタイプが1缶470円ほどで、丸のまま貝柱が詰まっているタイプは1缶580円ほどとお高め。さらに、ツナ缶にも旬のまぐろを使った油漬けがあり、1缶500円ほどで高級感がある。こうした高級感も、ときには味わってみたい。

食べきりサイズを選ぶ

魚缶は長期間保存がきくが、開けたらすぐに食べきったほうがいい。DHAなどのオメガ3脂肪酸は酸化しやすく、空気に触れたり、加熱することでどんどん変化してしまうのだ。サイズを選ぶときは食べきれる量を選び、残ったものを冷蔵庫で保存するのはNG。ただし、オメガ3脂肪酸が少ないツナ缶は、1日ほどなら保存できる。

塩分、糖分をチェック!

塩分、糖分の摂りすぎを気にしているなら、缶詰の栄養成分表示をチェック。たとえば、本書で使用したさば水煮缶は食塩相当量1.4g、炭水化物0g(写真下左)。最近では塩分無添加のさば水煮缶も登場(写真下右)。また、油漬け缶は高カロリーなものもあるので、エネルギー量も要チェック。

栄養成分表示 1缶分(200g)当り	
エネルギー	360kcal
たんぱく質	32.6g
脂　　　質	25.6g
炭水化物	0.0g
食塩相当量	1.4g
DHA	2,660mg
EPA	2,300mg

Part 6
ひと手間かけて
ごはん
レシピ

さば
水煮缶

缶汁で作るたれがおいしい！

さばと揚げなすのせごはん

材料（2人分）

さば水煮缶…1缶

なす…2本

A

| 長ねぎ…1/4本
| しょうが…1/2片
| しょうゆ…大さじ1
| みりん…大さじ1/2

ごはん…2膳分

揚げ油…適量

魚缶で元気に

カロリー	590kcal
塩分	2.2g
DHA	1.2g
カルシウム	275mg

なすには、クロロゲン酸、アントシアニンなどのポリフェノールが含まれ、強い抗酸化作用で健康維持を助けるといわれる。

作り方

1 **A**の長ねぎ、しょうがはみじん切りにして調味料と混ぜる。さばは缶汁をきって粗くほぐし、缶汁は**A**に加えて、混ぜてたれを作る。

2 なすは縦4つ割りにして半分に切り、170℃に熱した油で素揚げし、油をきる。

3 器にごはんを盛り、さば、**2**をのせ、**1**のたれをかける。

さば
水煮缶

熱々フライパンのまま食卓へ

さばとトマトのパエリア風

材料（2人分）

さば水煮缶…1缶

トマト…1個

玉ねぎ（みじん切り）…1/4個分

にんにく（みじん切り）…1片分

米…1カップ

オリーブ油

A

| 白ワイン…1/2カップ
| しょうゆ…大さじ1/2

パセリ

レモン

魚缶で元気に

カロリー	587kcal
塩分	1.5g
DHA	1.2g
カルシウム	268mg

パエリアに欠かせないレモンは、ビタミンCが豊富。ビタミンCは、シミのもとになるメラニンの生成を防ぎ、肌のハリを保つコラーゲン生成を促すので、美肌の維持に役立つ。

作り方

1 さばは缶汁をきって粗くほぐし、缶汁はボウルに入れて**A**と混ぜ、水を加えて1カップにする。トマトは角切りにする。

2 玉ねぎ、にんにくは、オリーブ油とフライパンに入れて中火で炒め、香りが出たら米を研がずに加えて炒め合わせる。

3 **1**を加えて煮立て、弱火にしてふたをし、10分ほど炊く。10分蒸らし、みじん切りのパセリをちらし、レモンを添える。

さば
水煮缶

明太子で味にアクセントを

さばと明太子のとろろごはん

材料（2人分）

さば水煮缶…1缶

明太子…1本

ごはん…2膳分

やまといも…200g

A

| 麺つゆ（3倍濃縮）…大さじ1

いり黒ごま…適量

貝割れ菜…適量

作り方

1　さばは缶汁をきって粗くほぐ
し、缶汁はボウルに入れて**A**
を混ぜ、たれを作る。

2　やまといもはすりおろし、**1**
のたれを少しずつ加えてよく
混ぜる。

3　ごはんを器に盛り、**2**、さば、
ほぐした明太子をのせ、黒ご
ま、刻んだ貝割れ菜をちらす。

> **魚缶で元気に**

カロリー	575kcal
塩分	2.5g
DHA	1.3g
カルシウム	281mg

やまといもは、塩分排出
に役立つカリウムが豊富
に含まれている。また、
でんぷんを消化する酵素、
アミラーゼも含むので、
塩分が多い明太子、でん
ぷんが多いごはんに組み
合わせるのは○。

塩だけでOKなのがうれしい！

さばと根菜の炊き込みごはん

材料（3〜4人分）

さばしょうゆ煮缶…1缶

米…2合

にんじん…40g

ごぼう…40g

大根…40g

塩…ふたつまみ

作り方

1 さばは缶汁をきって粗くほぐ
　す。缶汁はカップに入れ、水
　を加えて360mlにする。

2 にんじんは細切りに、ごぼう
　は小さめのささがきにし、大
　根は小さめのいちょう切りに
　する。

3 米は研いでざるに上げ、30分
　ほどおいて炊飯器に入れ、**1**、
　2、塩を加えて炊く。

魚缶で元気に

カロリー	509kcal
塩分	1.6g
DHA	0.9g
カルシウム	131mg

ごぼうは食物繊維、にん
じんはβカロテン、大根
はビタミンCが豊富。こ
れら3つの栄養素は魚缶
に含まれていないので、
組み合せて食べることで
互いに補い合い、栄養バ
ランスのよい一品になる。

奈良漬けが食感と味にメリハリを

鮭の混ぜずし

材料（3〜4人分）

ごはん…400g

鮭水煮缶…1缶

卵…2個

三つ葉…1株

奈良漬け…40g

刻みのり…適量

A

| 酢…大さじ2
| 塩…ふたつまみ
| 砂糖…大さじ1

いり白ごま…適量

B

| 塩、砂糖…各ふたつまみ

サラダ油…少々

> **魚缶で元気に**
>
> | カロリー | 419kcal |
> |---|---|
> | 塩分 | 2.6g |
> | DHA | 0.3g |
> | カルシウム | 141mg |
>
> すしめしに使う酢には、昔から知られる疲労回復や抗菌効果のほか、内臓脂肪を減らしたり、高血圧や血糖値上昇を抑制する効果があることもわかってきている。

作り方

1 鮭は缶汁をきってほぐす。缶汁の半量はボウルに入れて**A**を混ぜ、すし酢を作る。

2 三つ葉は1cmくらいに刻み、奈良漬けは細切りにする。卵は溶きほぐして**B**を混ぜ、サラダ油を熱したフライパンで炒めていり卵を作る。

3 熱々のごはんにすし酢、いりごま、**2**、鮭を混ぜ、器に盛って刻みのりをのせる。

137

意外なコンビでヘルシーカレー

ツナと黒豆のカレー

材料（2〜3人分）

ツナ油漬け缶…2缶

玄米ごはん…2膳分

蒸し黒豆…2パック（140g）

玉ねぎ…1/2個

にんにく…1片

しょうが…1片

カレー粉…大さじ1と1/2

A

| カットトマト缶…1/2缶

| 水…1カップ

| 塩…小さじ1

バター…15g

魚缶で元気に

カロリー	406kcal
塩分	2.5g
DHA	0.02g
カルシウム	66mg

黒豆は大豆の仲間なので、たんぱく質豊富で糖質は少なめ。黒い色はアントシアニンという色素で、高い抗酸化作用があり、眼の健康維持や老化予防を助けるといわれる。

作り方

1 玉ねぎ、にんにく、しょうがはみじん切りにし、バターとフライパンに入れて中火で炒め、香りが出たらツナを缶汁ごと、黒豆、カレー粉を加えて炒め合わせる。

2 **A**を加えて煮立て、弱火にして10分ほど煮込む。

3 玄米ごはんを器に盛り、**2**をかける。

さば
水煮缶

ピリ辛ケチャップ味が新鮮！

ツナのナシゴレン

材料（2人分）

ツナ（油漬け缶）チャンク…1缶

ごはん…350g

紫玉ねぎ…1/4個

セロリ…50g

A

  | ケチャップ…大さじ2と1/2

  | おろしにんにく…少々

  | 粉唐辛子…小さじ1/2

  | ナンプラー…大さじ1

サラダ油……大さじ2

卵…2個

きゅうり、トマト…各適量

> **魚缶で元気に**

カロリー	681kcal
塩分	3.4g
DHA	0.2g
カルシウム	57mg

味はもちろん、食感のアクセントもつけるセロリ。その香り成分は、食欲増進のほか、精神を安定させたり、血流をよくする働きもあるといわれている。

作り方

1 ツナは缶汁をきり、缶汁は**A**と混ぜてたれを作る。

2 紫玉ねぎ、セロリは1.5cm角に切り、サラダ油大さじ1を熱したフライパンに入れて強火でさっと炒め、ごはん、たれを加えて炒め合わせ、器に盛る。

3 フライパンを洗って熱し、残りのサラダ油をひいて卵を割り入れ、目玉焼きを作って**2**にのせる。斜め切りのきゅうり、半月切りのトマトを添える。

あさり
水煮缶

うまみ濃厚な缶汁でスープ不要！

あさりとブロッコリーのリゾット

材料（2〜3人分）

あさり水煮缶…1缶
ブロッコリー…100g
ごはん…300g
牛乳…2/3カップ
粉チーズ…大さじ5
にんにく…1/2片
バター…20g

作り方

1 ブロッコリーはやわらかくゆで、粗く刻む。にんにくはみじん切りにする。

2 フライパンにバターを溶かし、にんにく、あさり（缶汁ごと）、ごはんを入れて中火で炒める。

3 ブロッコリー、牛乳、粉チーズ大さじ4を加え、混ぜながら強火で煮る。全体がなじんだら器に盛り、残りの粉チーズをちらす。

魚缶で元気に

カロリー	520kcal
塩分	1.4g
DHA	0.04g
カルシウム	353mg

ブロッコリーはβカロテン、ビタミンC、K、B群、カルシウム、鉄、食物繊維が豊富なうえ、イソチオシアネートという成分が含まれ、これがガン予防に役立つ可能性が期待されている。

料理

キッチンさかな

管理栄養士、農学修士のキム・アヤンを中心とした料理
グループ。おいしくて健康を守るレシピが得意。

STAFF

撮影	安田裕（ヤスダフォトスタジオ）
ブックデザイン	下舘洋子（ボトムグラフィック）
イラスト	BIKKE
調理助手	荻野賀予　森下さやか
栄養計算	足達芳恵
企画・編集	キム・アヤン

本書の内容に関するお問い合わせは、お手紙かメール
（jitsuyou@kawade.co.jp）にて承ります。恐縮ですが、お
電話でのお問い合わせはご遠慮くださいますようお願
いいたします。

かんたん! ヘルシー!
魚の缶詰レシピ

2018年 4 月30日　初版発行
2018年10月30日　 6 刷発行

著　　者	キッチンさかな
発 行 者	小野寺優
発 行 所	株式会社河出書房新社
	〒151-0051
	東京都渋谷区千駄ヶ谷2-32-2
	電話　03-3404-8611（編集）
	03-3404-1201（営業）
	http://www.kawade.co.jp/
印刷・製本	凸版印刷株式会社

ISBN978-4-309-28677-8
Printed in Japan